10 000 euroa

Eeva Rusanen

10 000 euroa

7 askelta ensimmäiseen 10 000 euroosi

FSC
www.fsc.org
MIX
Paperi vastuullisista lähteistä
Paper from responsible sources
FSC® C105338

Kustantaja: BoD · Books on Demand,
Mannerheimintie 12 B, 00100 Helsinki, bod@bod.fi
Kirjapaino: Libri Plureos GmbH, Friedensallee 273,
22763 Hampuri, Saksa

ISBN: 978-952-89-0335-2

SISÄLLYSLUETTELO

Johdanto

Moni haaveilee taloudellisesta turvasta, mutta ei tiedä, mistä aloittaa. Rahasta puhutaan paljon, mutta konkreettisia ja helposti toteutettavia suunnitelmia on tarjolla yllättävän vähän. Siksi ensimmäinen merkittävä tavoite kannattaa tehdä mahdollisimman selkeäksi.

Tässä kirjassa tavoitteena on ensimmäiset **10 000 euroa**.

Miksi juuri 10 000 euroa? Siksi, että se on riittävän suuri summa muuttamaan ajattelua, mutta samalla täysin mahdollinen saavuttaa tavalliselle palkansaajalle tai opiskelijalle. Kun ensimmäiset 10 000 euroa ovat koossa, olet oppinut taidot, joita tarvitset myös seuraavien kymmenien tai satojen tuhansien eurojen kerryttämiseen.

Tämä kirja ei lupaa pikavoittoja eikä rikastumista yhdessä yössä. Sen sijaan se tarjoaa käytännöllisen suunnitelman, jonka avulla voit edetä askel askeleelta kohti tavoitettasi. Matkan varrella opit säästämään järjestelmällisesti, hallitsemaan omaa rahankäyttöäsi, kasvattamaan tulojasi ja ottamaan ensimmäiset askeleet sijoittamisen maailmaan turvallisesti.

Kirja on kirjoitettu erityisesti sinulle, joka haluat saada oman taloutesi parempaan hallintaan. Aikaisempaa kokemusta säästämisestä tai sijoittamisesta ei tarvita. Riittää, että olet valmis aloittamaan.

Kirjan rakenne perustuu seitsemään askeleeseen. Jokainen askel vie sinua lähemmäs tavoitettasi ja rakentaa samalla perustaa pitkäjänteiselle vaurastumiselle. Sinun ei tarvitse tehdä kaikkea kerralla. Riittää, että etenet yksi askel kerrallaan.

Muista myös, että jokaisen taloudellinen tilanne on erilainen. Toiset saavuttavat 10 000 euroa vuodessa, toisilta siihen kuluu kaksi tai kolme vuotta. Tärkeintä ei ole vauhti, vaan se, että etenet oikeaan suuntaan. Jokainen säästetty euro vie sinut lähemmäksi tavoitettasi.

Toivon, että tämä kirja antaa sinulle ennen kaikkea uskoa siihen, että taloudellinen tulevaisuus ei määräydy sattumalta. Pienet, toistuvat päätökset voivat vuosien aikana johtaa yllättävän suuriin tuloksiin.

Nyt on aika ottaa ensimmäinen askel kohti ensimmäistä 10 000 euroasi.

ASKEL 1 – Aseta selkeä tavoite

1. Miksi juuri 10 000 euroa?

Kun puhutaan rahasta, tavoitteet ovat usein joko liian pieniä tai liian suuria. Joku päättää säästää sata euroa kuukaudessa ilman selkeää päämäärää, kun taas toinen haaveilee miljoonasta eurosta, vaikka ensimmäistäkään säästöä ei vielä ole. Molemmissa tapauksissa motivaatio voi hiipua nopeasti.

Siksi tarvitset tavoitteen, joka on sekä merkityksellinen että saavutettavissa.

Tässä kirjassa tavoitteena on ensimmäiset **10 000 euroa**.

Monelle summa voi tuntua suurelta, mutta todellisuudessa se on realistinen tavoite. Se ei edellytä poikkeuksellisia tuloja, suurta perintöä tai onnea. Se edellyttää ennen kaikkea suunnitelmaa, pitkäjänteisyyttä ja halua tehdä pieniä mutta johdonmukaisia päätöksiä.

Ensimmäinen 10 000 euroa on tärkeä myös siksi, että se muuttaa suhdettasi rahaan. Kun huomaat pystyväsi säästämään ja kasvattamaan varallisuuttasi, itseluottamuksesi kasvaa. Raha ei enää tunnu hallitsemattomalta asialta, vaan työkalulta, jota opit käyttämään omien tavoitteidesi saavuttamiseksi.

Moni ajattelee, että vaurastuminen alkaa vasta silloin, kun tilillä on kymmeniä tai satoja tuhansia euroja. Todellisuudessa vaurastuminen alkaa paljon aikaisemmin. Se alkaa siitä hetkestä, kun päätät ottaa vastuun omasta taloudestasi ja rakennat järjestelmällisesti ensimmäisen merkittävän säästösummasi.

10 000 euroa voi myös avata uusia mahdollisuuksia. Se voi toimia puskurina yllättäviin menoihin, käsirahana asuntoa varten, alkupääomana sijoituksille tai turvana tilanteissa, joissa elämä ei etene suunnitelmien mukaan. Samalla se antaa mielenrauhaa. Kun tiedät, että sinulla on taloudellista liikkumavaraa, arjen päätöksiä on usein helpompi tehdä.

On tärkeää ymmärtää, että kaikki eivät saavuta tavoitetta yhtä nopeasti. Tulot, elämäntilanne ja menot vaihtelevat. Joku voi säästää 10 000 euroa vuodessa, toinen tarvitsee siihen kaksi tai kolme vuotta. Kumpikaan tapa ei ole väärä. Olennaista on, että etenet omien mahdollisuuksiesi mukaan etkä vertaile itseäsi muihin.

Tämä kirja ei kannusta täydellisyyteen vaan jatkuvuuteen. Säännöllinen säästäminen ja harkitut taloudelliset päätökset tuottavat pitkällä aikavälillä parempia tuloksia kuin lyhytaikaiset innostuksen puuskat. Pienetkin summat kasvavat ajan myötä merkittäviksi, kun niille antaa aikaa.

Ensimmäiset 10 000 euroa eivät ole matkan päätepiste. Ne ovat alku. Kun olet saavuttanut tämän tavoitteen, olet oppinut taidot, joiden avulla voit rakentaa yhä vahvempaa taloudellista perustaa tuleville vuosille.

Esimerkki

Kuvitellaan, että Laura päättää säästää ja sijoittaa yhteensä 300 euroa kuukaudessa. Ensimmäisinä kuukausina edistyminen tuntuu hitaalta, mutta vuoden kuluttua hän huomaa säästäneensä jo useita tuhansia euroja. Kahden ja puolen vuoden jälkeen hänen tavoitteensa on saavutettu. Samalla hän on oppinut seuraamaan omaa talouttaan, tekemään harkitumpia kulutuspäätöksiä ja sijoittamaan pitkäjänteisesti. Suurin muutos ei ollut pelkästään tilillä oleva summa, vaan uudet taloudelliset toimintatavat, joista on hyötyä koko loppuelämän ajan.

Luvun tärkeimmät asiat

- 10 000 euroa on kunnianhimoinen mutta realistinen tavoite.
- Tavoite antaa säästämiselle selkeän suunnan.
- Ensimmäinen 10 000 euroa rakentaa sekä varallisuutta että taloudellista itseluottamusta.

- Jokainen etenee omaan tahtiinsa – tärkeintä on aloittaa ja jatkaa.
- Ensimmäinen 10 000 euroa on uuden taloudellisen ajattelutavan alku, ei päätepiste.

Toimi näin

- Kirjoita paperille tai puhelimeen: "**Tavoitteeni on ensimmäiset 10 000 euroa**."
- Merkitse myös, mihin käytät tai **mitä varten säästät** tämän summan.

2. Mitä 10 000 euroa voi merkitä sinulle?

Raha ei yleensä ole tavoite itsessään. Se on väline, joka mahdollistaa asioita. Siksi on tärkeää pohtia, mitä ensimmäiset 10 000 euroa merkitsisivät juuri sinulle.

Jollekin se tarkoittaa taloudellista turvaa. Elämässä tulee väistämättä eteen yllättäviä menoja: auton korjaus, kodinkoneen rikkoutuminen, sairastuminen tai työpaikan menetys. Kun säästöjä on riittävästi, tällaiset tilanteet eivät välttämättä aiheuta velkaantumista tai jatkuvaa huolta.

Toiselle 10 000 euroa voi olla mahdollisuus toteuttaa pitkäaikainen unelma. Se voi toimia käsirahana ensimmäiseen asuntoon, mahdollistaa opintovapaan, yritystoiminnan aloittamisen tai pitkään suunnitellun matkan. Tärkeintä on, että raha antaa vaihtoehtoja ja vapautta tehdä omia päätöksiä.

Monille ensimmäinen 10 000 euroa merkitsee ennen kaikkea henkistä muutosta. Kun huomaat pystyväsi saavuttamaan näin merkittävän tavoitteen, käsityksesi omista mahdollisuuksistasi muuttuu. Säästäminen ei tunnu enää luopumiselta, vaan keinolta rakentaa parempaa tulevaisuutta.

Rahalla voi ostaa tavaroita, mutta sillä voi myös ostaa aikaa. Taloudellinen puskuri voi mahdollistaa lyhyemmän työajan, pidemmän loman tai rohkeamman uravalinnan. Se voi antaa mahdollisuuden sanoa "ei" tilanteille, jotka eivät tunnu oikeilta, ja "kyllä" niille, jotka vievät elämää haluttuun suuntaan.

On hyvä muistaa, että 10 000 euroa ei ratkaise kaikkia taloudellisia haasteita. Se ei tee kenestäkään rikasta. Se antaa kuitenkin vahvan perustan, jonka päälle on mahdollista rakentaa lisää varallisuutta.

Siksi kannattaa miettiä omaa tavoitettaan mahdollisimman konkreettisesti. Mitä tekisit, jos tililläsi olisi tänään 10 000 euroa? Miten elämäsi olisi erilainen? Mitä mahdollisuuksia se avaisi?

Kun tavoite liittyy omaan elämään eikä pelkkään euromäärään, siitä tulee paljon motivoivampi.

Esimerkki

Mika haaveilee oman asunnon ostamisesta. Hän tietää tarvitsevansa käsirahaa, mutta tavoite tuntuu kaukaiselta. Kun hän päättää keskittyä ensimmäiseen 10 000 euroon, unelma muuttuu konkreettiseksi. Jokainen säästetty euro vie häntä lähemmäksi asuntoa, eikä säästäminen tunnu enää pelkältä luopumiselta.

Luvun tärkeimmät asiat

- Raha on väline, ei itse tarkoitus.
- 10 000 euroa voi tuoda turvaa, vapautta ja uusia mahdollisuuksia.
- Selkeä henkilökohtainen tavoite lisää motivaatiota.
- Taloudellinen puskuri vähentää epävarmuutta.
- Ensimmäinen 10 000 euroa on tärkeä askel kohti suurempia tavoitteita.

Toimi näin

- Kirjoita kolme asiaa, jotka muuttuisivat elämässäsi, jos sinulla olisi tänään 10 000 euroa.
- Valitse niistä yksi tärkein syy, joka motivoi sinua eniten.

3. Lähtötilanteesi – missä olet nyt?

Ennen kuin voit suunnitella matkaa kohti ensimmäistä 10 000 euroa, sinun täytyy tietää, mistä olet lähdössä. Tämä ei ole kilpailu eikä koe. Tarkoitus ei ole arvostella nykyistä taloudellista tilannettasi, vaan ymmärtää se mahdollisimman realistisesti.

Moni välttelee omien raha-asioidensa tarkastelua. Tilin saldo katsotaan nopeasti, mutta kokonaiskuva jää epäselväksi. Juuri tästä syystä tavoitteiden saavuttaminen voi tuntua vaikealta. Jos et tiedä lähtöpistettäsi, et myöskään tiedä, kuinka paljon olet edistynyt.

Ensimmäinen askel on selvittää oma nettovarallisuutesi. Laske yhteen säästösi, sijoituksesi ja muu omaisuutesi. Vähennä niistä mahdolliset velat. Näin saat realistisen kuvan tämänhetkisestä tilanteestasi.

Seuraavaksi tarkastele kuukausittaista rahankäyttöäsi. Kuinka paljon rahaa tulee sisään? Kuinka paljon sitä kuluu asumiseen, ruokaan, liikkumiseen ja muihin menoihin? Kuinka paljon jää jäljelle säästettäväksi?

Moni yllättyy, kun tekee tämän laskelman ensimmäistä kertaa. Pieniltä tuntuvat ostokset muodostavat usein yllättävän suuren summan vuoden aikana. Samalla voi löytyä mahdollisuuksia säästää ilman, että elämänlaatu heikkenee.

On myös hyvä arvioida omaa säästämistapaansa. Säästätkö säännöllisesti vai vain silloin, kun rahaa sattuu jäämään? Todellisuudessa jälkimmäinen toimii harvoin. Useimmille ihmisille tehokkain ratkaisu on tehdä säästämisestä automaattinen osa kuukausittaista taloudenhoitoa.

Lähtötilanteen kartoittamiseen kuuluu myös tavoitteiden pohtiminen. Miksi haluat saavuttaa ensimmäisen 10 000 euroa? Mitä hyötyä siitä olisi juuri sinulle? Mitä selkeämpi vastaus on, sitä helpompi motivaatiota on ylläpitää myös silloin, kun innostus hetkellisesti laskee.

Muista, ettei täydellistä lähtötilannetta ole olemassa. Joku aloittaa nollasta, toinen velkojen kanssa ja kolmas muutaman tuhannen euron säästöillä. Olennaisinta ei ole lähtöpiste, vaan suunta.

Kun tiedät, missä olet tänään, voit rakentaa realistisen suunnitelman huomista varten.

Esimerkki

Anna huomaa, että hänen kuukausitulonsa ovat 2 600 euroa ja menonsa noin 2 300 euroa. Aiemmin hän ei tiennyt, mihin loppukuun rahat katosivat. Kun hän kirjaa menonsa ylös kuukauden ajan, hän huomaa käyttävänsä lähes 250 euroa kuukaudessa heräteostoihin ja ravintolakäynteihin. Hän päättää vähentää näitä menoja maltillisesti ja ohjata 200 euroa kuukaudessa säästöön. Ensimmäistä kertaa tavoite tuntuu realistiselta, koska se perustuu hänen omaan tilanteeseensa eikä yleisiin neuvoihin.

Luvun tärkeimmät asiat

- Selvitä nykyinen taloudellinen tilanteesi rehellisesti.
- Laske yhteen tulot, menot, säästöt ja velat.
- Tunnista, kuinka paljon voit säästää kuukausittain.
- Määrittele oma henkilökohtainen syysi tavoitella 10 000 euroa.
- Lähtöpiste ei ratkaise onnistumista – ratkaisevaa on se, että lähdet liikkeelle.

Toimi näin

- Laske tämänhetkiset säästösi.
- Kirjaa kuukausitulosi ja kuukausimenosi.
- Laske, paljonko voit realistisesti säästää kuukaudessa.

ASKEL 2 – Rakenna vahva säästämisen perusta

4. Tee säästämisestä automaattinen tapa

Moni uskoo, että säästäminen onnistuu parhaiten silloin, kun kuukauden lopussa tilille jää rahaa. Todellisuudessa näin tapahtuu harvoin. Kun kaikki menot on maksettu ja arjen houkutukset ovat vieneet osansa, säästöön jäävä summa on usein paljon pienempi kuin oli tarkoitus.

Siksi onnistunut säästäminen perustuu automaatioon.

Yksi tehokkaimmista tavoista rakentaa varallisuutta on siirtää säästettävä summa omalle säästö- tai sijoitustilille heti palkkapäivänä. Kun säästäminen tapahtuu ennen muuta kulutusta, siihen tottuu nopeasti. Muutaman kuukauden kuluttua uusi toimintatapa alkaa tuntua luonnolliselta osalta arkea.

Automaattinen säästäminen vähentää myös päätöksenteon tarvetta. Sinun ei tarvitse joka kuukausi miettiä, säästätkö vai et, sillä päätös on tehty jo etukäteen. Tämä tekee säästämisestä huomattavasti helpompaa kuin pelkkään tahdonvoimaan luottaminen.

Säästösumman ei tarvitse olla suuri. Tärkeämpää on säännöllisyys. Vaikka aloittaisit 50 tai 100 eurolla kuukaudessa, tärkeintä on luoda tapa, jota voit jatkaa vuodesta toiseen.

Jos taloudellinen tilanteesi myöhemmin paranee esimerkiksi palkankorotuksen tai uusien tulojen ansiosta, voit kasvattaa automaattista säästösummaa vähitellen. Näin säästäminen kehittyy elämäntilanteesi mukana.

Automaation etuna on myös se, että säästäminen jatkuu kiireisinäkin aikoina. Elämässä tulee jaksoja, jolloin raha-asiat eivät ole päällimmäisenä mielessä. Juuri silloin automaattinen järjestelmä pitää huolen siitä, että tavoitteesi etenee.

Esimerkki

Jari päättää siirtää palkkapäivänä automaattisesti 250 euroa säästötililleen. Aluksi summa tuntuu suurelta, mutta muutaman kuukauden kuluttua hän huomaa sopeutuneensa uuteen tilanteeseen. Vuoden aikana säästöjä on kertynyt jo 3 000 euroa ilman, että hänen on tarvinnut tehdä kuukausittain uusia päätöksiä.

Luvun tärkeimmät asiat

- Säästä ensin, kuluta vasta sen jälkeen.
- Automaattinen tilisiirto tekee säästämisestä helppoa.
- Säännöllisyys on tärkeämpää kuin suuri säästösumma.
- Kasvata säästöjä tulojen kasvaessa.
- Tee säästämisestä pysyvä tapa.

Toimi näin

- Avaa säästö- tai sijoitustili, jos sellaista ei vielä ole.
- Aseta automaattinen tilisiirto palkkapäivälle.
- Aloita summalla, jonka pystyt varmasti säästämään joka kuukausi.

5. Hallitse menot ilman että elämästä katoaa ilo

Monelle sana "säästäminen" tuo mieleen luopumisen. Ajatellaan, että kaikesta mukavasta täytyy karsia, jotta rahaa jäisi säästöön. Todellisuudessa hyvä taloudenhallinta ei tarkoita jatkuvaa niukkuutta, vaan harkittuja valintoja.

Kaikkia menoja ei kannata tarkastella samalla tavalla. Osa menoista on välttämättömiä, kuten asuminen, ruoka ja liikkuminen. Toiset taas perustuvat tottumuksiin tai hetken mielijohteisiin. Juuri näistä löytyy usein mahdollisuuksia säästää ilman, että arjen hyvinvointi kärsii.

Hyvä keino on käydä läpi omat kuukausittaiset menot ja kysyä jokaisen kohdalla kaksi kysymystä: Tarvitsenko tätä todella? Tuottaako tämä minulle iloa suhteessa siihen, mitä se maksaa?

Usein huomaa maksavansa palveluista, joita käyttää harvoin. Suoratoistopalvelut, vanhat jäsenyydet tai käyttämättömät sovellukset voivat viedä yllättävän suuren summan vuoden aikana.

Toinen tärkeä keino on välttää heräteostoksia. Jos harkitset suurempaa hankintaa, anna itsellesi muutama päivä aikaa ennen ostopäätöstä. Monesti huomaat, ettei ostos ollutkaan niin tarpeellinen kuin aluksi vaikutti.

Säästäminen ei kuitenkaan saa tarkoittaa sitä, että elämä muuttuu pelkäksi kieltäytymiseksi. On tärkeää jättää rahaa myös asioihin, joista todella nautit. Kun taloudessa on tasapaino, säästäminen tuntuu pitkäjänteisesti mahdolliselta.

Tavoitteena ei ole käyttää mahdollisimman vähän rahaa. Tavoitteena on käyttää rahaa mahdollisimman viisaasti.

Esimerkki

Sanna huomaa maksavansa neljästä suoratoistopalvelusta, vaikka käyttää niistä säännöllisesti vain yhtä. Hän irtisanoo kolme palvelua ja säästää noin 35 euroa kuukaudessa. Vuodessa tämä tarkoittaa yli 400 euroa, jotka hän ohjaa säästöön ilman, että arki muuttuu juuri lainkaan.

Luvun tärkeimmät asiat

- Kaikkea kulutusta ei tarvitse karsia.
- Keskity menoihin, jotka eivät tuota todellista hyötyä.
- Vältä heräteostoksia.
- Säilytä elämässä myös asioita, joista nautit.
- Käytä rahaa tietoisesti, älä automaattisesti.

Toimi näin

- Käy läpi viime kuukauden menot.
- Etsi **kolme menoa**, joista voit vähentää ilman että arki kärsii.
- Siirrä säästyvä summa automaattisesti säästöön.

6. Kasvata säästöjä askel askeleelta

Harva pystyy säästämään suuria summia heti alussa. Se ei ole myöskään tarpeen. Varallisuus rakentuu yleensä pienistä päätöksistä, jotka toistuvat kuukausi toisensa jälkeen.

Yksi yleisimmistä virheistä on yrittää tehdä liian suuri muutos kerralla. Jos päätät säästää puolet tuloistasi yhdessä yössä, suunnitelma voi tuntua raskaalta ja jäädä lyhytaikaiseksi. Paljon parempi ratkaisu on kasvattaa säästöjä vähitellen.

Voit esimerkiksi päättää lisätä kuukausittaista säästösummaa 20 tai 50 eurolla aina silloin, kun saat palkankorotuksen tai jokin meno poistuu. Pieniltä tuntuvat muutokset kasvavat vuosien aikana merkittäviksi.

Myös pienet onnistumiset kannattaa huomata. Ensimmäinen säästetty 500 euroa, ensimmäinen 1 000 euroa ja ensimmäinen 5 000 euroa ovat kaikki tärkeitä välitavoitteita. Ne kertovat siitä, että järjestelmä toimii.

Matkan aikana voi tulla myös takapakkeja. Yllättävät menot tai muuttunut elämäntilanne voivat hidastaa etenemistä. Se ei tarkoita epäonnistumista. Tärkeintä on jatkaa säästämistä heti, kun siihen on jälleen mahdollisuus.

Kun säästäminen muuttuu tavaksi, tavoitteen saavuttaminen ei enää tunnu sattumalta. Jokainen kuukausi vie sinua hieman lähemmäksi ensimmäistä 10 000 euroa.

Muista, että tärkeintä ei ole täydellisyys vaan jatkuvuus. Pienet askeleet ovat usein tehokkaampia kuin suuret mutta lyhytaikaiset ponnistukset.

Esimerkki

Ville aloittaa säästämällä 100 euroa kuukaudessa. Vuoden kuluttua hän saa palkankorotuksen ja nostaa säästösumman 150 euroon. Myöhemmin hän maksaa autolainansa pois ja kasvattaa säästämistä vielä 100 eurolla kuukaudessa. Muutamassa vuodessa hänen kuukausittainen säästönsä on kasvanut 250 eurosta ilman, että muutos on tuntunut liian suurelta.

Luvun tärkeimmät asiat

- Aloita realistisella säästösummalla.
- Kasvata säästöjä vähitellen.
- Hyödynnä palkankorotukset ja pienentyneet menot.
- Älä lannistu tilapäisistä takapakeista.
- Pitkäjänteisyys ratkaisee enemmän kuin täydellisyys.

Toimi näin

- Päätä, milloin kasvatat säästösummaa seuraavan kerran.
- Esimerkiksi: **+20 € tai +50 € kuukaudessa** seuraavan palkankorotuksen yhteydessä.

ASKEL 3 – Kasvata tulojasi

7. Miksi tulojen kasvattaminen nopeuttaa matkaa?

Säästäminen on tärkeä osa varallisuuden rakentamista, mutta sillä on omat rajansa. Menoja voi pienentää vain tiettyyn pisteeseen asti. Tuloja sen sijaan voi usein kasvattaa huomattavasti enemmän.

Moni keskittyy pelkästään säästämään muutaman euron siellä ja toisen täällä. Se on hyvä alku, mutta joskus tehokkaampi ratkaisu on miettiä, miten omaa tulotasoa voisi nostaa. Jo muutaman sadan euron lisätulo kuukaudessa voi lyhentää matkaa ensimmäiseen 10 000 euroon merkittävästi.

Tulojen kasvattaminen ei aina tarkoita työpaikan vaihtamista. Joskus se voi olla palkankorotus nykyisessä työssä, lisäkoulutus, sivutyö tai oman osaamisen hyödyntäminen uudella tavalla. Myös pienet lisätulot voivat pitkällä aikavälillä tehdä suuren eron.

Tulojen kasvaessa kannattaa välttää niin sanottu elämäntason nousu. Moni käyttää palkankorotuksen kokonaan suurempaan kulutukseen, jolloin taloudellinen tilanne ei todellisuudessa parane. Parempi ratkaisu on ohjata ainakin osa lisätuloista suoraan säästöön tai sijoituksiin.

Tulojen kasvattaminen tuo myös turvaa. Jos yksi tulonlähde pienenee tai katoaa, käytettävissä voi olla muita vaihtoehtoja. Taloudellinen riippumattomuus alkaa usein siitä, ettei kaikki ole yhden palkan varassa.

Tärkeintä on muistaa, ettei tulojen kasvattaminen ole kilpailu muita vastaan. Kyse on omien mahdollisuuksien kehittämisestä ja siitä, että rakennat itsellesi vahvemman taloudellisen perustan.

Esimerkki

Petri säästää 200 euroa kuukaudessa. Saatuaan 300 euron kuukausittaisen palkankorotuksen hän päättää käyttää siitä 200 euroa säästämiseen ja 100 euroa omaan kulutukseensa. Näin hänen säästönsä kaksinkertaistuvat ilman, että hänen tarvitsee kiristää arjen menoja.

Luvun tärkeimmät asiat

- Menojen vähentämisellä on rajansa, tulojen kasvattamisella usein vähemmän.

- Jo pienet lisätulot voivat nopeuttaa tavoitteen saavuttamista merkittävästi.
- Hyödynnä palkankorotukset ja uudet mahdollisuudet viisaasti.
- Vältä käyttämästä kaikkia lisätuloja kulutuksen kasvattamiseen.
- Useampi tulonlähde lisää taloudellista turvallisuutta.

Toimi näin

- Kirjoita ylös **kaksi realistista tapaa** kasvattaa tulojasi seuraavan vuoden aikana.
- Valitse niistä helpoin ja aloita siitä.

8. Käytännön keinoja ansaita enemmän

Lisätulojen hankkiminen ei aina vaadi suuria muutoksia elämässä. Usein kyse on siitä, että tunnistaa omat vahvuutensa ja etsii mahdollisuuksia hyödyntää niitä.

Ensimmäinen vaihtoehto on kehittyä nykyisessä työssä. Lisäkoulutus, uudet vastuut tai hyvä työsuoritus voivat johtaa palkankorotukseen tai parempiin uramahdollisuuksiin. Vaikka korotus tuntuisi aluksi pieneltä, sen vaikutus kertautuu vuosien aikana.

Toinen mahdollisuus on tehdä satunnaisia lisätöitä. Jo muutama työvuoro kuukaudessa voi tuoda satoja euroja lisää tuloja. Tärkeää on kuitenkin huolehtia siitä, että työn ja vapaa-ajan välillä säilyy tasapaino.

Moni voi ansaita myös hyödyntämällä omaa osaamistaan. Esimerkiksi opettaminen, valokuvaus, kirjoittaminen, ohjelmointi, remontointi tai käsityöt voivat tarjota mahdollisuuden lisätuloihin. Digitaaliset palvelut ovat tehneet oman osaamisen myymisestä helpompaa kuin koskaan aikaisemmin.

Kannattaa myös tarkastella omaa kotia. Käyttämättömät tavarat sitovat rahaa, vaikka niistä ei olisi enää hyötyä. Myymällä tarpeettomia tavaroita voit saada sekä lisätuloja että tehdä tilaa arkeen.

Lisätulojen hankkimisessa ei tarvitse tavoitella täydellisyyttä. Jos onnistut kasvattamaan tulojasi esimerkiksi 200 eurolla kuukaudessa ja ohjaat summan säästöön, olet vuodessa jo 2 400 euroa lähempänä tavoitettasi.

Tärkeintä on aloittaa niistä mahdollisuuksista, jotka sopivat omaan elämäntilanteeseesi.

Esimerkki

Laura huomaa osaavansa käyttää taulukkolaskentaohjelmia hyvin. Hän alkaa auttaa pienyrittäjiä muutaman tunnin kuukaudessa laskentataulukoiden laatimisessa. Lisätuloja kertyy noin 250 euroa kuukaudessa, jotka hän sijoittaa kokonaisuudessaan indeksirahastoon.

Luvun tärkeimmät asiat

- Kehitä osaamistasi ja hyödynnä sitä.
- Selvitä mahdollisuudet palkankorotukseen.
- Harkitse sivutyötä tai pienimuotoista yrittäjyyttä.

- Myy tarpeettomat tavarat.
- Ohjaa lisätulot mahdollisimman suurelta osin säästöihin.

Toimi näin

- Listaa osaamisesi.
- Mieti, mistä joku voisi olla valmis maksamaan.
- Tarkista myös, mitä tarpeettomia tavaroita voisit myydä.

9. Yhdistä säästäminen ja lisätulot

Säästäminen ja tulojen kasvattaminen ovat tehokkaimmillaan silloin, kun ne toimivat yhdessä. Jos keskityt vain toiseen, eteneminen on yleensä hitaampaa.

Ajatellaan kahta henkilöä. Ensimmäinen säästää 200 euroa kuukaudessa eikä tee mitään tulojensa kasvattamiseksi. Toinen säästää saman verran, mutta ansaitsee lisäksi 200 euroa kuukaudessa sivutyöllä ja säästää myös tämän summan. Muutaman vuoden kuluttua heidän välillään on jo huomattava ero.

Kun lisätulot ohjataan suoraan säästöihin, ne eivät ehdi muuttua osaksi tavallista kulutusta. Tämä on yksi tehokkaimmista tavoista nopeuttaa varallisuuden karttumista.

Voit rakentaa itsellesi yksinkertaisen säännön: kaikki ylimääräiset tulot tai vähintään puolet niistä siirtyvät automaattisesti säästöön tai sijoituksiin. Tällaisia tuloja voivat olla esimerkiksi veronpalautukset, bonukset, lomarahat, palkankorotukset tai satunnaiset lisäansiot.

Tällä tavalla tavoitteesi ei enää perustu pelkästään kuukausittaiseen säästämiseen. Jokainen ylimääräinen euro vie sinua hieman lähemmäksi ensimmäistä 10 000 euroa.

On myös tärkeää palkita itseään kohtuullisesti. Jos käytät pienen osan lisätuloista johonkin itsellesi merkitykselliseen ja säästät loput, järjestelmä tuntuu usein helpommalta ylläpitää pitkällä aikavälillä.

Taloudellinen menestys ei synny yhdestä suuresta päätöksestä, vaan monista pienistä valinnoista, jotka toistuvat vuodesta toiseen.

Esimerkki

Emilia säästää normaalisti 250 euroa kuukaudessa. Vuoden aikana hän saa lisäksi 1 200 euroa veronpalautuksia ja 800 euron tulospalkkion. Hän päättää sijoittaa koko 2 000 euron summan. Yhdessä kuukausisäästöjen kanssa hänen varallisuutensa kasvaa paljon nopeammin kuin pelkän säännöllisen säästämisen avulla.

Luvun tärkeimmät asiat

- Säästäminen ja lisätulot täydentävät toisiaan.
- Ohjaa ylimääräiset tulot suoraan säästöihin tai sijoituksiin.

- Rakenna itsellesi selkeä sääntö lisätulojen käyttämisestä.
- Hyödynnä veronpalautukset, bonukset ja palkankorotukset.
- Pienetkin lisätulot nopeuttavat merkittävästi matkaa kohti ensimmäistä 10 000 euroa.

Toimi näin

- Päätä sääntö: **vähintään 50 % kaikista lisätuloista säästöön.**
- Kirjoita sääntö näkyvälle paikalle.

ASKEL 4 – Laita rahasi kasvamaan

10. Miksi sijoittaminen kannattaa aloittaa ajoissa?

Kun ensimmäiset säästöt ovat kertyneet, seuraava askel on laittaa rahat tekemään töitä puolestasi. Pelkkä säästäminen kasvattaa varallisuutta, mutta sijoittaminen antaa mahdollisuuden kasvattaa sitä huomattavasti nopeammin pitkällä aikavälillä.

Moni lykkää sijoittamisen aloittamista, koska ajattelee tarvitsevansa suuria summia tai syvällistä talousosaamista. Todellisuudessa kumpaakaan ei tarvita. Nykyisin sijoittamisen voi aloittaa jo pienillä kuukausisummilla, ja tärkeintä on päästä liikkeelle.

Aika on sijoittajan tärkein ystävä. Mitä aikaisemmin aloitat, sitä pidempään sijoituksillasi on mahdollisuus kasvaa. Jokainen vuosi lisää sijoitusten tuottopotentiaalia, ja pitkällä aikavälillä pieniltäkin tuntuvat tuotot voivat muodostaa merkittävän varallisuuden.

Sijoittamiseen liittyy aina riskejä. Osakkeiden ja rahastojen arvot voivat nousta ja laskea, joskus voimakkaastikin. Siksi sijoittamista kannattaa tarkastella pitkän aikavälin näkökulmasta. Lyhytaikaiset markkinoiden heilahtelut ovat normaali osa sijoittamista.

Moni tekee virheen odottamalla "täydellistä hetkeä" aloittaa. Kukaan ei kuitenkaan pysty ennustamaan markkinoiden liikkeitä luotettavasti. Useimmiten paras hetki aloittaa on silloin, kun oma talous on tasapainossa ja säästämisestä on tullut säännöllinen tapa.

Sijoittaminen ei ole kilpailu muita vastaan. Tarkoitus ei ole löytää seuraavaa nopeasti rikastuttavaa sijoituskohdetta, vaan kasvattaa omaa varallisuutta pitkäjänteisesti ja hallitusti.

Ensimmäinen sijoitus on usein vaikein. Kun sen on tehnyt, seuraavat päätökset tuntuvat yleensä paljon helpommilta.

Esimerkki

Kaksi ystävää, Emma ja Olli, päättävät säästää 200 euroa kuukaudessa. Emma aloittaa sijoittamisen heti 25-vuotiaana, kun taas Olli odottaa viisi vuotta, koska haluaa "oppia lisää". Vaikka molemmat sijoittavat saman summan kuukaudessa, Emman sijoituksilla on viisi vuotta enemmän aikaa kasvaa.

Pitkällä aikavälillä tämä voi merkitä kymmenien tuhansien eurojen eroa.

Luvun tärkeimmät asiat

- Sijoittamisen voi aloittaa pienilläkin summilla.
- Aika on yksi sijoittajan tärkeimmistä voimavaroista.
- Täydellistä aloitushetkeä ei yleensä ole.
- Pitkäjänteisyys on tärkeämpää kuin markkinoiden ennustaminen.
- Ensimmäinen sijoitus on usein vaikein, mutta samalla tärkein.

Toimi näin

- Määritä päivämäärä, jolloin teet ensimmäisen sijoituksesi.
- Älä jätä päätöstä avoimeksi “sitten joskus”.

11. Ensimmäiset sijoitukset turvallisesti

Sijoittamisen aloittaminen voi tuntua vaikealta, koska vaihtoehtoja on paljon. Osakkeita, rahastoja, ETFä ja muita sijoituskohteita on tarjolla valtava määrä. Aloittelijan ei kuitenkaan tarvitse hallita kaikkea heti.

Ensimmäinen tavoite on oppia sijoittamisen perusteet ja rakentaa hyvä rutiini. Monelle helpoin vaihtoehto on aloittaa hajautetulla indeksirahastolla tai ETF-rahastolla, joka sijoittaa varat useisiin yrityksiin. Näin yhden yrityksen vaikeudet eivät ratkaise koko sijoituksen onnistumista.

Ennen sijoittamisen aloittamista kannattaa huolehtia siitä, että käytössä on riittävä taloudellinen puskuri. Jos kaikki rahat ovat sijoituksissa ja eteen tulee yllättävä meno, saatat joutua myymään sijoituksia epäedulliseen aikaan.

Säännöllinen kuukausisijoittaminen on hyvä tapa vähentää markkinoiden vaihtelun vaikutusta. Kun sijoitat saman summan joka kuukausi, ostat joskus korkeammalla ja joskus matalammalla hinnalla. Pitkällä aikavälillä tämä tasoittaa sijoitusten hankintahintaa.

Sijoittamisessa kannattaa pitää kulut mahdollisimman pieninä. Pieniltäkin tuntuvat kulut voivat vuosien aikana syödä merkittävän osan tuotoista. Siksi kuluihin kannattaa kiinnittää huomiota jo ensimmäisiä sijoituksia tehdessä.

Muista myös, että sijoittaminen on maraton, ei pikajuoksu. Tavoitteena ei ole löytää nopeasti tuottavaa kohdetta, vaan rakentaa varallisuutta vuosien ja vuosikymmenten aikana.

Esimerkki

Mikko päättää aloittaa sijoittamisen 150 eurolla kuukaudessa maailmanlaajuiseen indeksirahastoon. Hän ei yritä ajoittaa markkinoita eikä seuraa kursseja päivittäin. Sen sijaan hän jatkaa sijoittamista kuukausi toisensa jälkeen. Muutaman vuoden kuluttua hän huomaa, että säännöllisyys on ollut tärkeämpää kuin yksittäiset markkinamuutokset.

Luvun tärkeimmät asiat

- Aloita yksinkertaisesti ja hajauta sijoituksesi.
- Pidä taloudellinen puskuri erillään sijoituksista.
- Hyödynnä säännöllistä kuukausisijoittamista.
- Kiinnitä huomiota sijoitusten kuluihin.
- Keskity pitkäjänteiseen varallisuuden rakentamiseen.

Toimi näin

- Valitse yksi hajautettu indeksirahasto tai ETF.
- Aloita kuukausisijoittaminen pienellä summalla.
- Pidä puskurirahasto erillään sijoituksista.

12. Korkoa korolle – vaurastumisen moottori

Moni pitää korkoa korolle -ilmiötä sijoittamisen tärkeimpänä voimana, eikä syyttä. Se tarkoittaa yksinkertaisesti sitä, että myös aiemmin saadut tuotot alkavat tuottaa lisää tuottoa. Ajan myötä kasvu kiihtyy.

Aluksi kehitys voi tuntua hitaalta. Ensimmäisinä vuosina sijoitusten arvo kasvaa yleensä melko maltillisesti. Juuri tästä syystä moni lopettaa liian aikaisin. Todellinen hyöty näkyy vasta pitkällä aikavälillä.

Ajatellaan esimerkiksi kuukausittaista sijoittamista. Jokainen uusi sijoitus kasvattaa pääomaa, ja samalla myös aikaisempien sijoitusten tuotot jatkavat kasvamistaan. Mitä pidempään sijoitukset saavat olla rauhassa, sitä suurempi vaikutus korkoa korolle -ilmiöllä on.

Tämän vuoksi sijoituksia ei kannata nostaa pois ilman hyvää syytä. Jokainen ennenaikainen nosto katkaisee korkoa korolle -vaikutuksen ja hidastaa varallisuuden kasvua.

Korkoa korolle ei vaadi täydellisiä sijoituspäätöksiä. Se vaatii ennen kaikkea aikaa, säännöllisyyttä ja kärsivällisyyttä. Juuri nämä kolme tekijää ovat useimpien pitkäaikaisten sijoittajien tärkeimmät menestyksen avaimet.

Kun saavutat ensimmäisen 10 000 euroa, olet rakentanut vahvan perustan. Sen jälkeen korkoa korolle alkaa tehdä yhä suuremman osan työstä puolestasi.

Esimerkki

Kuvitellaan kaksi sijoittajaa. Molemmat sijoittavat 250 euroa kuukaudessa. Ensimmäinen jatkaa sijoittamista 30 vuoden ajan, toinen lopettaa kymmenen vuoden jälkeen. Vaikka molemmat ovat sijoittaneet merkittäviä summia, pitkäjänteisesti jatkanut sijoittaja hyötyy korkoa korolle -ilmiöstä huomattavasti enemmän. Suuri osa lopullisesta varallisuudesta syntyy vasta sijoitusajan loppupuolella.

Luvun tärkeimmät asiat

- Korkoa korolle kasvattaa myös aiempien tuottojen arvoa.
- Ilmiön vaikutus kasvaa ajan myötä.
- Kärsivällisyys on sijoittajan tärkeimpiä ominaisuuksia.
- Vältä tarpeettomia nostoja pitkäaikaisista sijoituksista.
- Aika on korkoa korolle -ilmiön tärkein voimavara.

Toimi näin

- Päätä, että sijoituksiasi ei nosteta pois ilman selkeää syytä.
- Anna ajan tehdä työnsä.

ASKEL 5 – Vältä yleisimmät virheet

13. Tavallisimmat säästämisen sudenkuopat

Säästäminen on periaatteessa yksinkertaista: käytä vähemmän kuin ansaitset ja laita erotus talteen. Käytännössä se ei kuitenkaan aina onnistu. Useimmat haasteet eivät johdu tiedon puutteesta, vaan arjen tavoista ja tottumuksista.

Yksi yleisimmistä sudenkuopista on se, ettei säästämiselle aseteta selkeää tavoitetta. Kun säästämisellä ei ole tarkoitusta, motivaatio hiipuu helposti. Selkeä tavoite, kuten ensimmäiset 10 000 euroa, antaa tekemiselle suunnan.

Toinen tavallinen virhe on epäsäännöllisyys. Säästöön laitetaan rahaa silloin, kun sitä sattuu jäämään. Tällainen tapa johtaa usein siihen, että säästäminen jää vähäiseksi. Säännöllinen automaattinen säästäminen toimii yleensä huomattavasti paremmin.

Moni myös luovuttaa liian nopeasti. Ensimmäisten kuukausien aikana säästöt kasvavat hitaasti, mikä voi tuntua turhauttavalta.

Todellisuudessa juuri alkuvaihe rakentaa perustan myöhemmälle kehitykselle.

Heräteostokset ovat toinen merkittävä haaste. Yksittäinen ostos ei ehkä tunnu suurelta, mutta pienetkin summat voivat muodostaa vuoden aikana tuhansien eurojen kokonaisuuden. Jokaisen ostoksen kohdalla kannattaa kysyä itseltään, tuoko se pitkäaikaista hyötyä vai hetkellisen mielihyvän.

Myös liiallinen täydellisyyden tavoittelu voi estää etenemisen. Joskus elämäntilanne muuttuu eikä säästäminen onnistu suunnitelmien mukaisesti. Se ei tarkoita epäonnistumista. Tärkeintä on jatkaa heti, kun siihen on mahdollisuus.

Säästäminen on pitkä matka, ei yksittäinen suoritus. Menestyvät säästäjät eivät ole täydellisiä, vaan johdonmukaisia.

Esimerkki

Maria päättää säästää 300 euroa kuukaudessa, mutta jo ensimmäisen kuukauden jälkeen hän huomaa tavoitteen liian kunnianhimoiseksi. Sen sijaan, että hän lopettaisi kokonaan, hän pienentää summan 150 euroon. Vuoden lopussa säästöjä on kertynyt 1 800 euroa. Ilman suunnitelman muuttamista säästöjä ei olisi kertynyt lainkaan.

Luvun tärkeimmät asiat

- Aseta selkeä tavoite.

- Tee säästämisestä säännöllistä.
- Vältä heräteostoksia.
- Älä tavoittele täydellisyyttä.
- Jatkuvuus on tärkeämpää kuin täydellinen onnistuminen.

Toimi näin

- Tunnista oma suurin säästämisen esteesi.
- Kirjoita yksi konkreettinen ratkaisu siihen.

14. Sijoittajan yleisimmät virheet

Sijoittamisessa menestyminen ei yleensä vaadi poikkeuksellista älykkyyttä tai kykyä ennustaa markkinoita. Usein tärkeintä on välttää kaikkein yleisimmät virheet.

Ensimmäinen virhe on odottaa täydellistä hetkeä aloittaa sijoittaminen. Markkinoiden liikkeitä ei voi ennustaa varmasti. Jos odotat aina parempaa hetkeä, saatat odottaa vuosia tekemättä ensimmäistäkään sijoitusta.

Toinen yleinen virhe on yrittää rikastua nopeasti. Korkean tuoton lupaukset houkuttelevat helposti, mutta niihin liittyy usein myös korkea riski. Pitkäjänteinen sijoittaminen perustuu yleensä maltilliseen tuotto-odotukseen ja hajautukseen.

Kolmas virhe on paniikkimyynti. Kun markkinat laskevat, moni sijoittaja myy sijoituksensa juuri silloin, kun hinnat ovat alhaalla. Pitkän aikavälin sijoittajalle markkinoiden vaihtelut kuuluvat normaaliin kehitykseen.

Myös hajautuksen puute voi aiheuttaa ongelmia. Jos kaikki rahat ovat yhdessä sijoituskohteessa, yhden yrityksen tai toimialan vaikeudet voivat vaikuttaa voimakkaasti koko sijoitusvarallisuuteen.

Lisäksi monet seuraavat sijoituksiaan liian usein. Päivittäiset kurssimuutokset voivat herättää turhaa huolta ja johtaa harkitsemattomiin päätöksiin. Pitkäjänteisen sijoittajan kannattaa keskittyä vuosien, ei päivien, kehitykseen.

Hyvä sijoittaja hyväksyy sen, että markkinat vaihtelevat. Hän ei pyri välttämään jokaista laskua, vaan rakentamaan suunnitelman, joka kestää myös vaikeammat ajat.

Esimerkki

Janne aloittaa sijoittamisen juuri ennen markkinoiden laskua. Hänen sijoitustensa arvo pienenee ensimmäisten kuukausien aikana. Sen sijaan, että hän myisi sijoituksensa, hän jatkaa kuukausisijoittamista. Muutaman vuoden kuluttua markkinat ovat toipuneet, ja säännöllinen sijoittaminen on tuottanut hyvän tuloksen.

Luvun tärkeimmät asiat

- Älä odota täydellistä aloitushetkeä.
- Vältä nopean rikastumisen houkutuksia.
- Älä tee päätöksiä pelon perusteella.
- Hajauta sijoituksesi.
- Keskity pitkän aikavälin tavoitteisiin.

Toimi näin

- Kirjoita itsellesi muistutus: **“En tee sijoituspäätöksiä pelon tai ahneuden perusteella.”**
- Palaa tähän lauseeseen markkinoiden heiluessa.

15. Miten toimit, kun tulee takapakkeja?

Harva matka kohti taloudellisia tavoitteita etenee täysin suunnitelmien mukaan. Elämä tuo eteen yllätyksiä: työttömyyttä, sairastumisia, odottamattomia menoja tai muita muutoksia, jotka voivat hidastaa säästämistä.

Takapakit eivät tarkoita epäonnistumista. Ne ovat normaali osa elämää.

Tärkeintä on säilyttää pitkä näkökulma. Jos säästäminen keskeytyy muutamaksi kuukaudeksi, koko suunnitelmaa ei tarvitse hylätä. Kun tilanne paranee, voit jatkaa siitä, mihin jäit.

Moni tekee virheen luopumalla tavoitteestaan kokonaan ensimmäisen vastoinkäymisen jälkeen. Todellisuudessa pienikin kuukausittainen säästäminen on parempi kuin ei säästämistä lainkaan. Tarvittaessa voit pienentää säästösummaa väliaikaisesti.

Taloudellinen puskuri auttaa selviytymään vaikeista tilanteista. Juuri siksi ensimmäisten säästöjen kerryttäminen on niin tärkeää. Puskuri antaa aikaa tehdä harkittuja päätöksiä ilman, että jokainen yllätys johtaa velkaantumiseen.

Myös sijoittamisessa tulee vastaan heikkoja jaksoja. Markkinat voivat laskea kuukausien tai jopa vuosien ajan. Tämä ei kuitenkaan tarkoita, että pitkäaikainen suunnitelma olisi epäonnistunut. Historiallisesti markkinat ovat toipuneet laskukausista, vaikka mennyt kehitys ei takaakaan tulevaa.

Kun kohtaat takapakin, pysähdy hetkeksi arvioimaan tilannetta. Mitä on tapahtunut? Mitä voit tehdä nyt? Mikä on seuraava pieni askel? Usein ratkaisu löytyy palaamalla takaisin perusasioihin.

Matka ensimmäiseen 10 000 euroon ei vaadi täydellistä elämää. Se vaatii kykyä jatkaa myös silloin, kun kaikki ei mene suunnitelmien mukaan.

Esimerkki

Sari joutuu yllättäen vaihtamaan autoaan, ja suuri osa hänen säästöistään kuluu käsirahaan. Aluksi hän kokee epäonnistuneensa. Muutaman viikon kuluttua hän tekee uuden säästösuunnitelman ja aloittaa kuukausisäästämisen uudelleen. Kahden vuoden kuluttua hänen säästönsä ovat jälleen kasvaneet merkittävästi.

Luvun tärkeimmät asiat

- Takapakit kuuluvat jokaisen matkaan.
- Älä luovu tavoitteestasi yhden epäonnistumisen vuoksi.
- Pienennä säästösummaa tarvittaessa, mutta jatka.
- Taloudellinen puskuri helpottaa vaikeista tilanteista selviämistä.
- Pitkäjänteisyys ratkaisee enemmän kuin täydellinen suunnitelma.

Toimi näin

- Laadi valmiiksi “takapakkisuunnitelma”.
- Määritä pienin kuukausisumma, jonka pystyt säästämään vaikeinakin aikoina.

ASKEL 6 – Toteuta oma suunnitelmasi

16. Suunnitelma: 10 000 euroa 12 kuukaudessa

Ensimmäisen 10 000 euron saavuttaminen vuodessa on kunnianhimoinen tavoite, mutta joillekin täysin mahdollinen. Se edellyttää yleensä hyviä tuloja, vahvaa sitoutumista säästämiseen tai merkittäviä lisätuloja.

Jos tavoitteen haluaa saavuttaa 12 kuukaudessa, säästöön ja sijoituksiin on ohjattava keskimäärin noin 833 euroa kuukaudessa. Summa voi tuntua suurelta, mutta se voi koostua useista eri lähteistä: palkasta, lisätöistä, bonuksista, veronpalautuksista ja tarpeettomien tavaroiden myynnistä.

Nopea eteneminen vaatii suunnitelmallisuutta. Kuukausibudjetti kannattaa laatia huolellisesti ja automaattinen säästäminen ottaa käyttöön heti ensimmäisestä palkkapäivästä alkaen. Myös lisätulojen hankkiminen voi olla ratkaisevassa asemassa.

On tärkeää pitää tavoite näkyvillä. Kun seuraat kuukausittaista edistymistäsi, huomaat jokaisen säästöön siirretyn euron vievän sinua lähemmäksi tavoitetta. Tämä ylläpitää motivaatiota myös silloin, kun säästäminen tuntuu hetkellisesti vaikealta.

Vuoden suunnitelma sopii erityisesti henkilölle, jonka taloudellinen tilanne on jo vakaa ja joka pystyy säästämään suuren osan tuloistaan.

Esimerkkisuunnitelma

Kuukausi	Säästöt yhteensä
1	833 €
3	2 499 €
6	4 998 €
9	7 497 €
12	noin 10 000 €

Luvun tärkeimmät asiat

- Tavoite vaatii noin 833 euron kuukausisäästön.
- Hyödynnä lisätulot ja ylimääräiset tulot.

- Seuraa edistymistäsi kuukausittain.
- Pidä budjetti ajan tasalla.
- Johdonmukaisuus ratkaisee.

Toimi näin

- Laske, pystytkö säästämään **noin 833 € kuukaudessa.**
- Jos et, siirry 24 tai 36 kuukauden suunnitelmaan.

17. Suunnitelma: 10 000 euroa 24 kuukaudessa

Kahden vuoden aikataulu on monelle huomattavasti realistisempi. Se mahdollistaa säästämisen ilman, että arjesta tarvitsee karsia kaikkea ylimääräistä.

24 kuukauden suunnitelmassa tavoitteena on säästää keskimäärin noin 417 euroa kuukaudessa. Monelle tämä onnistuu yhdistämällä säännöllinen säästäminen, maltillinen kulujen karsiminen ja mahdolliset lisätulot.

Kahden vuoden aikana ehtii myös kehittää omia taloustaitojaan. Budjetointi muuttuu helpommaksi, säästäminen muuttuu tavaksi ja sijoittamisen perusteet tulevat tutuiksi. Näillä taidoilla on arvoa myös tavoitteen saavuttamisen jälkeen.

Suunnitelmaa kannattaa tarkistaa muutaman kuukauden välein. Jos tulot kasvavat tai menot pienenevät, kuukausittaista säästösummaa voi kasvattaa. Näin tavoite voidaan saavuttaa jopa suunniteltua aikaisemmin.

Kahden vuoden aikataulu tarjoaa hyvän tasapainon kunnianhimon ja realistisuuden välillä.

Esimerkkisuunnitelma

Kuukausi	Säästöt yhteensä
1	417 €
6	2 502 €
12	5 004 €
18	7 506 €
24	noin 10 000 €

Luvun tärkeimmät asiat

- Tarvittava säästösumma on noin 417 euroa kuukaudessa.
- Säästäminen voidaan yhdistää normaaliin arkeen.
- Kehitä samalla taloustaitojasi.
- Tarkista suunnitelma säännöllisesti.
- Hyödynnä mahdolliset lisätulot.

Toimi näin

- Laske, pystytkö säästämään noin **417 € kuukaudessa**.
- Tee kahden vuoden säästöaikataulu kalenteriin.

18. Suunnitelma: 10 000 euroa 36 kuukaudessa

Kolmen vuoden suunnitelma on useimmille kaikkein helpoimmin toteutettava vaihtoehto. Se sopii erityisesti opiskelijoille, uransa alkuvaiheessa oleville tai henkilöille, joiden taloudellinen tilanne on vielä kehittymässä.

36 kuukauden aikataulussa tavoitteena on säästää keskimäärin noin 278 euroa kuukaudessa. Monelle tämä on mahdollista ilman merkittäviä muutoksia elämäntapaan.

Vaikka eteneminen on hitaampaa, sillä on yksi merkittävä etu: suunnitelmaa on helpompi noudattaa pitkäjänteisesti. Taloudelliset yllätykset eivät yleensä kaada koko projektia, vaan tavoite säilyy saavutettavana.

Kolmen vuoden aikana säästäminen muuttuu usein pysyväksi tavaksi. Kun ensimmäinen 10 000 euroa on saavutettu, seuraavan tavoitteen rakentaminen tuntuu huomattavasti helpommalta.

Muista, että tärkeintä ei ole nopeus. Jokainen kuukausi, jolloin säästät suunnitelman mukaisesti, vie sinua lähemmäksi tavoitettasi.

Esimerkkisuunnitelma

Kuukausi	Säästöt yhteensä
1	278 €
12	3 336 €
24	6 672 €
30	8 340 €
36	noin 10 000 €

Mikä suunnitelma sopii sinulle?

Ei ole olemassa yhtä oikeaa aikataulua. Valitse sellainen kuukausisäästö, jonka pystyt toteuttamaan myös silloin, kun elämä tuo eteen yllätyksiä. Liian kunnianhimoinen tavoite voi johtaa siihen, että luovutat kesken matkan. Maltillinen mutta säännöllinen eteneminen tuottaa usein paremman lopputuloksen.

Jos taloudellinen tilanteesi myöhemmin paranee, voit aina kasvattaa kuukausittaista säästösummaa ja saavuttaa tavoitteesi suunniteltua aikaisemmin.

Luvun tärkeimmät asiat

- Tarvittava säästösumma on noin 278 euroa kuukaudessa.
- Hitaampi eteneminen on usein pitkäjänteisempää.
- Tärkeintä on jatkuvuus, ei nopeus.
- Voit nopeuttaa suunnitelmaa tulojen kasvaessa.
- Ensimmäinen 10 000 euroa on vasta alku suuremmalle varallisuuden rakentamiselle.

Toimi näin

- Laske, pystytkö säästämään noin **278 € kuukaudessa.**
- Aloita tällä summalla, vaikka myöhemmin kasvattaisit sitä.

ASKEL 7 – Rakenna pysyvä varallisuus

19. Kun ensimmäiset 10 000 euroa on koossa

Ensimmäisten 10 000 euron saavuttaminen on merkittävä virstanpylväs. Se kertoo ennen kaikkea siitä, että olet onnistunut rakentamaan uusia taloudellisia tapoja. Olet oppinut säästämään säännöllisesti, suunnittelemaan rahankäyttöäsi ja ajattelemaan pitkällä aikavälillä.

Moni huomaa tässä vaiheessa, että suurin muutos ei ole tilillä oleva rahamäärä, vaan oma suhtautuminen rahaan. Talous ei enää tunnu hallitsemattomalta, vaan tiedät, että pystyt vaikuttamaan siihen omilla päätöksilläsi.

Ensimmäiset 10 000 euroa tarjoavat myös turvaa. Yllättävät menot eivät enää välttämättä aiheuta samanlaista huolta kuin aiemmin. Samalla avautuu uusia mahdollisuuksia. Voit kasvattaa sijoituksiasi, varautua suurempiin hankintoihin tai rakentaa entistä vahvempaa taloudellista puskuria.

Tässä vaiheessa kannattaa pysähtyä hetkeksi ja juhlistaa saavutustasi. Tavoitteen saavuttaminen on osoitus pitkäjänteisestä työstä. Pieni palkinto itsellesi voi vahvistaa tunnetta siitä, että vaivannäkö kannatti.

Samalla on kuitenkin tärkeää muistaa, ettei matka pääty tähän. Ensimmäinen 10 000 euroa on perusta, jonka päälle voit rakentaa paljon enemmän.

Esimerkki

Matti saavuttaa tavoitteensa hieman alle kolmessa vuodessa. Hän huomaa, että säästäminen on muuttunut automaattiseksi osaksi arkea. Sen sijaan, että hän lopettaisi kuukausisäästämisen, hän päättää jatkaa samalla summalla. Nyt hän tietää omasta kokemuksestaan, että pitkäjänteinen suunnitelma toimii.

Luvun tärkeimmät asiat

- Ensimmäiset 10 000 euroa ovat merkittävä taloudellinen virstanpylväs.
- Suurin muutos tapahtuu usein omassa ajattelussa.
- Taloudellinen turva lisää vapautta tehdä omia päätöksiä.
- Saavutusta kannattaa juhlistaa.

- Älä lopeta hyviä taloustottumuksia tavoitteen saavutettuasi.

Toimi näin

- Juhlista saavutustasi kohtuullisesti.
- Kirjoita ylös kolme asiaa, jotka opit matkasi aikana.

20. Matka jatkuu – seuraava tavoite

Kun ensimmäinen suuri tavoite on saavutettu, on hyvä miettiä seuraavaa askelta. Varallisuuden rakentaminen ei ole yksittäinen projekti, vaan pitkä prosessi.

Monelle luonteva seuraava tavoite on 20 000 euroa, sitten 50 000 euroa ja myöhemmin 100 000 euroa. Tärkeintä ei kuitenkaan ole tavoitella mahdollisimman suuria summia, vaan jatkaa niitä toimintatapoja, jotka ovat jo osoittautuneet toimiviksi.

Muista, että ensimmäinen 10 000 euroa on usein kaikkein vaikein saavuttaa. Sen jälkeen sinulla on jo toimiva järjestelmä, kokemusta säästämisestä ja ymmärrystä sijoittamisesta. Se tekee seuraavista tavoitteista yleensä helpompia.

Jatka kuukausittaista säästämistä ja sijoittamista. Tarkista tavoitteitasi säännöllisesti ja päivitä niitä elämäntilanteesi muuttuessa. Taloudellinen suunnitelma ei ole koskaan täysin valmis, vaan sitä voidaan kehittää vuosien varrella.

On myös hyvä muistaa, ettei varallisuuden tarkoitus ole vain kasvattaa pankkitilin saldoa. Rahan avulla voit lisätä turvallisuutta, vapautta ja mahdollisuuksia tehdä elämässä sellaisia valintoja, jotka ovat sinulle tärkeitä.

Taloudellinen menestys ei synny yhdestä oikeasta päätöksestä. Se syntyy tuhansista pienistä päätöksistä, jotka toistuvat vuodesta toiseen.

Kun katsot taaksepäin muutaman vuoden kuluttua, huomaat todennäköisesti, että tärkeintä ei ollut ensimmäinen 10 000 euroa. Tärkeintä oli päätös aloittaa.

Esimerkki

Laura saavuttaa ensimmäisen 10 000 euron tavoitteensa ja päättää nostaa seuraavaksi tavoitteekseen 25 000 euroa. Hän ei muuta säästämisen perusperiaatteita, vaan jatkaa samalla suunnitelmalla. Ainoa ero on se, että hän uskoo nyt paljon vahvemmin omaan kykyynsä saavuttaa tavoitteensa.

Luvun tärkeimmät asiat

- Ensimmäinen 10 000 euroa on uuden vaiheen alku.
- Jatka hyväksi havaittuja säästämisen ja sijoittamisen tapoja.
- Aseta uusi, innostava tavoite.
- Varallisuus tuo ennen kaikkea vapautta ja turvallisuutta.
- Suurin onnistuminen oli se, että aloitit.

Toimi näin

- Aseta uusi tavoite (esim. **20 000 € tai 25 000 €**).
- Jatka samaa säästö- ja sijoitusrutiinia kuin tähänkin asti.

Lopuksi

Jos olet lukenut tämän kirjan loppuun asti, olet jo ottanut tärkeän askeleen kohti parempaa taloudellista tulevaisuutta. Tieto yksin ei kuitenkaan muuta mitään. Muutos syntyy vasta silloin, kun ryhdyt toimimaan.

Sinun ei tarvitse olla talousalan asiantuntija, ansaita poikkeuksellisen paljon tai tehdä täydellisiä päätöksiä. Riittää, että aloitat ja etenet johdonmukaisesti. Jokainen säästetty euro, jokainen harkittu ostopäätös ja jokainen sijoitettu kuukausierä vievät sinua lähemmäksi tavoitettasi.

Muista, että varallisuuden rakentaminen ei ole kilpailu muita vastaan. Jokaisella on oma lähtökohtansa, omat tavoitteensa ja oma aikataulunsa. Tärkeintä on verrata itseäsi siihen, missä olit eilen – ei siihen, missä joku toinen on tänään.

Ensimmäinen 10 000 euroa voi tuntua suurelta tavoitteelta, mutta se on täysin saavutettavissa, kun etenet askel kerrallaan. Matkan varrella opit taitoja, joista on hyötyä koko loppuelämäsi ajan.

Toivon, että tämä kirja on antanut sinulle paitsi käytännön työkaluja myös uskoa siihen, että voit vaikuttaa omaan taloudelliseen tulevaisuuteesi. Pienet päätökset, jotka teet tänään, voivat vuosien kuluttua näkyä suurina tuloksina.

Älä odota täydellistä hetkeä. Paras aika aloittaa on nyt.

Toivotan sinulle menestystä matkallasi kohti ensimmäistä 10 000 euroa – ja kaikkea sitä, mitä sen jälkeen päätät saavuttaa.

Lopuksi – Toimi näin

Viimeinen tehtävä

Aloita tänään

Valitse yksi asia, jonka teet heti tänään:

- avaat säästötilin

- asetat automaattisen tilisiirron
- teet ensimmäisen sijoituksen
- kirjaat menosi ylös
- myyt yhden tarpeettoman tavaran

Älä pyri tekemään kaikkea kerralla.

Aloita yhdestä konkreettisesta teosta. Juuri siitä alkaa matka ensimmäiseen 10 000 euroosi.

Tutustu tekijän muihin hyötyoppaisiin:

Miten saan kovapalkkaisen työn ja työllistyn varmasti- Teknologiamurroksen ja eläkebuumin synnyttämät huikeat uramahdollisuudet (2025)

Ajattelun voima – Suurten ajattelijoiden unohtumattomia lauseita (2025)

Aloittelijan sijoitusopas – Miten sijoitan helposti, järkevästi ja turvallisesti (2025)

Itseluottamuksen kehittäminen – Miten saan lisää itseluottamusta ja rohkeutta (2026)

RAHA – 9 askelta varallisuuden rakentamiseen säästämällä ja sijoittamalla (2026)